澳門土生葡人

Macaenses

澳門知識叢書

澳門土生葡人

鄧思平

三聯書店（香港）有限公司
澳門基金會

責任編輯　俞　笛

裝幀設計　鍾文君

叢 書 名　澳門知識叢書

書　　名　澳門土生葡人

作　　者　鄧思平

聯合出版　三聯書店（香港）有限公司

　　　　　香港鰂魚涌英皇道1065號1304室

　　　　　澳門基金會

　　　　　澳門民國大馬路6號

香港發行　香港聯合書刊物流有限公司

　　　　　香港新界大埔汀麗路36號3字樓

印　　刷　深圳市德信美印刷有限公司

　　　　　深圳市福田區八卦三路522棟2樓

版　　次　2009年3月香港第一版第一次印刷

規　　格　特32開（120mm×203mm）100 面

國際書號　ISBN 978.962.04.2820.3

　　　　　© 2009 Joint Publishing (Hong Kong) Co., Ltd.

　　　　　Published in Hong Kong

總序

　　對許多遊客來說，澳門很小，大半天時間可以走遍方圓不到三十平方公里的土地；對本地居民而言，澳門很大，住了幾十年也未能充份了解城市的歷史文化。其實，無論是匆匆而來、匆匆而去的旅客，還是"只緣身在此山中"的居民，要真正體會一個城市的風情、領略一個城市的神韻、捉摸一個城市的靈魂，都不是一件容易的事情。

　　澳門更是一個難以讀懂讀透的城市。彈丸之地，在相當長的時期裡是西學東傳、東學西漸的重要橋樑；方寸之土，從明朝中葉起吸引了無數飽學之士從中原和歐美遠道而來，流連忘返，甚至終老；蕞爾之地，一度是遠東最重要的貿易港口，"廣州諸舶口，最是澳門雄"，"十字門中擁異貨，蓮花座裡堆奇珍"；偏遠小城，也一直敞開胸懷，接納了來自天南海北的眾多移民，"華洋雜處無貴賤，有財無德亦敬恭"。鴉片戰爭後，歸於沉寂，成為世外桃源，默默無聞；近年來，由於快速的發展，"沒有甚麼大不了的事"的澳門又再度引起世人的關注。

這樣一個城市，中西並存，繁雜多樣，歷史悠久，積澱深厚，本來就不容易閱讀和理解。更令人沮喪的是，眾多檔案文獻中，偏偏缺乏通俗易懂的讀本。近十多年雖有不少優秀論文專著面世，但多為學術性研究，而且相當部份亦非澳門本地作者所撰，一般讀者難以親近。

　　有感於此，澳門基金會在 2003 年"非典"時期動員組織澳門居民"半天遊"(覽名勝古蹟) 之際，便有組織編寫一套本土歷史文化叢書之構思；2004 年特區政府成立五周年慶祝活動中，又舊事重提，惜皆未能成事。兩年前，在一批有志於推動鄉土歷史文化教育工作者的大力協助下，"澳門知識叢書"終於初定框架大綱並公開徵稿，得到眾多本土作者之熱烈響應，踴躍投稿，令人鼓舞。

　　出版之際，我們衷心感謝澳門歷史教育學會林發欽會長之辛勞，感謝各位作者的努力，感謝徵稿評委澳門中華教育會劉羨冰女士、澳門大學教育學院單文經院長、澳門筆會副理事長湯梅笑女士、澳門歷史學會理事長陳樹榮先生和澳門理工學院公共行政高等學校婁勝華副教授以及特邀編輯劉森先生所付出的心血和寶貴時間。在組稿過程中，適逢香港聯合出版集團趙斌董事長訪澳，知悉他希望尋找澳門題材出版，乃一拍即合，成此聯合出版之舉。

澳門，猶如一艘在歷史長河中飄浮搖擺的小船，今天終於行駛至一個安全的港灣，"明珠海上傳星氣，白玉河邊看月光"；我們也有幸生活在"月出濠開鏡，清光一海天"的盛世，有機會去梳理這艘小船走過的航道和留下的足跡。更令人欣慰的是，"叢書"的各位作者以滿腔的熱情、滿懷的愛心去描寫自己家園的一草一木、一磚一瓦，使得吾土吾鄉更具歷史文化之厚重，使得城市文脈更加有血有肉，使得風物人情更加可親可敬，使得樸實無華的澳門更加動感美麗。他們以實際行動告訴世人，"不同而和，和而不同"的澳門無愧於世界文化遺產之美譽。有這麼一批熱愛家園、熱愛文化之士的默默耕耘，我們也可以自豪地宣示，澳門文化將薪火相傳，生生不息；歷史名城會永葆青春，充滿活力。

吳志良

二〇〇九年三月七日

目錄

導言

　　澳門 400 多年華洋相處的歷史，形成了中西文化在各方面的交匯和融合。其千姿百態的建築，多元共存的宗教，豐富多樣的語言，特別是和諧共處的族群，都反映出這個小城的鮮明特色和獨特價值。

　　在澳門的族群中，土生葡人是其中一道特別的風景線，他們長着歐亞混血人種特有的亮麗面孔，操着流利的中葡兩種語言，甚至生活方式也與其他族群不盡相同。

　　他們確實是一個令人好奇的族群。

　　說到土生葡人，毫無疑問，首先想到的就是他們混血的特點，想到葡萄牙人與其他族群的通婚。尤其是從電影《大辮子的誘惑》中，我們看到的就是這樣一個場景。

　　20 世紀 90 年代，有人根據葡人律師飛歷奇的同名小說《大辮子的誘惑》，拍攝了一部電影，帶我們進入那個往昔時代：

澳門葡萄牙青年阿托在路過華人居住區時，遇到了紮着大辮子的中國姑娘阿玲，並對她念念不忘。阿托的父親希望兒子和富有的寡婦魯格萊西成親。但自從見到阿玲後，阿托就對魯格萊西失去了熱情。天意眷顧，阿玲竟成了幫阿托家挑水的人。雖然華人聚居地有規矩限制華人與洋人通婚，但兩人日久生情，阿玲還是成了阿托的女人。然而，等待着他們的，卻是雙方家庭的冷落和排斥。在他們各自不懈的努力下，戰勝了生活與情感的磨難，而雙方家人也改變了以往對對方的偏見，兩個年輕人最終又走到一起。

　　小説和電影把葡萄牙人和本地華人通婚的故事，真實地反映出來，使人們有了一個直觀和生動的瞭解。

　　當然，上述的簡介並不足以認識土生葡人的全貌，這僅僅是個開場白。下面我們還要借助更多的筆墨來描述他們——澳門的土生葡人。

　　“土生葡人”這四個中文字到底是甚麼意思？如果只從字面上看，用它們來形容人類學上的這一族群，確有力不從心之感。因為，就“土生”的字面意思，若打開中文詞典，只能夠查找到“土著”的解釋，意思是“世代居住本地的人”。顯然，這個詞語的解釋並不符合“土生葡人”的含義，因為他們並非“世代居住本地”，其祖先是來自遠方的葡萄牙。再看看相應的葡文，葡萄牙人稱他們（土生葡人）是 Macaense，直譯就是“澳門人”或 filho de terra，意即“大地之子”，也完全沒有“土生”的意思在內。既然不能使用漢語的原意，也不能使用葡萄牙語的直譯，這個筆墨官司也不能無限地打下去，人們索性約定俗成，就借用“土生葡人”這個具有澳門特色的稱呼，來指本地一群父系祖先基本上是來自葡萄牙，母系則來自亞洲各地，並在澳門出生成長的歐亞混血兒的群體。

　　不可不知，今天的澳門人並不是“土生”這個字眼的創作者，古人也有過人的智慧，清人早在 19 世紀中葉，就已經用“土生仔”的名字，來稱呼居住在澳門的那些本地化的葡萄牙人。

10

葡萄牙人與印度、馬來女子通婚

那麼，那些來自葡萄牙的父系祖先和來自亞洲各地的母系祖先，他們是如何走到一起來的呢？

這是一個可以追溯到四、五百年前的故事。

要回答這個問題，應該首先回顧一下葡萄牙海外擴張的最早歷史。

葡萄牙，一個南歐國家，位於伊比利亞半島的西南端。面積 9 萬多平方公里，在他們出發征服海洋時，國家人口只有 150 萬左右。

在黃金夢想的鼓舞下，在馬可波羅事跡的激勵下，15 世紀中，葡萄牙人和西班牙人最早走向茫茫無際的大海，尋找一條通往東方的航路。

憑藉當時的國土面積和人口數量，葡萄牙人踏上這樣一條冒險的歷程，對他們無疑是一個嚴峻的挑戰。

葡國人從本土出發，向南沿着非洲的海岸航行。一路上，風高浪急，荒無人煙，幾乎進入到一個未知的世界。為保證航路的安全，他們每到一個重要據點，就要派人駐守。之後進入阿拉伯海，到達印度次大陸，直至抵達東南亞各地，為了鞏固他們的殖民佔領，抵禦當地人的進犯，

19世紀土生葡人的大屋。

葡萄牙人更加派駐重兵，不敢輕視。

　　根據粗略統計，僅在 15 至 16 世紀期間，奔赴海外探險的葡萄牙人有二、三十萬之眾，且絕大部分都是男性。

　　可想而知，這對於葡國來說，為了守護自西到東上萬公里不同的佔領據點，兵源和人員十分緊張。即使到後來，葡國在國內搜羅一些無業遊民和流浪漢補充兵力，也無濟於事。人力資源補給已經成為一個巨大的負擔和難題。

　　在當時的環境下，只依靠簡陋的木製帆船進行遠洋航

土生葡人的大屋內景。

行,從葡萄牙本土出發,到印度以至遠東,路途漫長,僅單程往往需要一至兩年的時間。此外,惡劣的天氣,猖狂的海盜,還會隨時隨地給葡國的航海者帶來滅頂之災。所以,在種種艱難困苦的條件下,那些僥幸生存下來的人們一旦到達目的地,其中絕大部分人就不指望再返回故鄉。他們只能留守在這個遙遠的世界中,渡過餘生。

然而,在遙遠的國度裡,又有誰可以陪伴他們排解寂寞,給予家庭的溫暖?本國的妻女呢?沒有可能。那個時代，葡國政府禁止本國婦女跟隨船隊來到東方。他們認為，女人在既漫長又凶險的航道上，除了給人們帶來麻煩和負擔，"分散男人的精力"，還能做些甚麼呢？

一方面，後繼乏援，人力緊絀；另一方面，單身寡佬，無人相依。這些難題從海外探險的一開始，就如影隨形，一直困擾着葡萄牙的統治者。

還有更可笑的規定：葡萄牙的士兵在服役期間不准結婚。女人都沒有，跟誰結婚呢？

歷史終會為自己找到出路。葡萄牙派駐印度果阿的總督阿豐素·阿爾布克爾克是一個識時務者。他主張葡人與當地女人來往，並因勢利導，用獎勵土地並豁免納稅的辦法，去鼓勵葡國士兵迎娶當地的女子，目的是以通婚及建立居民點的方式組成一個個殖民中心，在印度大地上像種植莊稼一樣，以葡萄牙人的種子，繁殖並養育出足夠數量的葡人後代，來保衛並鞏固他們的征戰成果。

那些與葡萄牙士兵通婚的印度女子，為葡人提供了家庭的溫暖。而她們與葡人生出的歐亞混血兒，陸續長大後，成為葡萄牙遠東的補充兵源。這大致是 16 世紀的初葉的情況。

就這樣，包括以前從非洲、中東，到後來的印度次大陸，直至東南亞各地，例如：果阿、科欽、暹羅、馬六甲及爪哇等地，葡萄牙人與當地不同種族和不同膚色的女子廣結良緣，繁衍後代。

1511 年，葡萄牙人佔據了馬六甲之後，特別喜歡這裡的馬來女人，尤其是她們忠誠的品質，令葡人難忘。據說，在一次航行中，多虧這裡的女人向葡萄牙人通風報信，才使葡人免遭落敗及被屠殺的下場。當時的葡人這樣描述她們："這裡的女人，負責向戰士和當地人打探消息並告訴我們的人，完成交付給她們的一切工作。因為這些馬六甲女人非常傾心於愛情，一旦喜歡上一個男人，就不惜為他去拚命。"

印度和東南亞的女人，因而就成為葡萄牙人的歐亞混血兒後代最早的母系祖先，她們誕下的子孫後代，維護着葡萄牙遠東殖民帝國的穩定，促進其人口的繁盛。

葡萄牙人與華人女子通婚

1513 年，那個站立在南灣原政府合署大廈前的雕像人物——佐治・歐華利 (Jorge Alvares) 最早來到香港屯門，這是葡萄牙人踏上中國土地的開始。

　　數十年之後，他們沿廣東海岸北上，先後到福建、浙江等地進行各類貿易活動。但是過程並不順利，他們被迫又回到廣東珠江三角洲一帶尋找商機。

　　從葡萄牙人第一次踏足中國，數十年來，葡萄牙人在中國沿海一帶流離輾轉。

　　1553 年，當他們拖着疲憊的身軀，而又帶着興奮的心情，登上澳門——這塊媽祖的土地時，只不過是區區數百人而已。除了來自葡萄牙本土的人員之外，還有相當部分是來自其印度和東南亞各殖民地的家眷及後代。連中國的史書形容葡萄牙人到達澳門之時都寫到“扶老攜幼，更相接踵”。這些葡人後代就成為澳門最早的歐亞混血族群，即

19 世紀末到“離島”旅遊的一群澳門人。

當地的"土生葡人"。

在那個時代的聖像遊行中,有人看到"那些頭戴花冠,手持盛滿玫瑰花的銀托盤和裝有玫瑰色水的玻璃瓶的少女們,從窗口將花兒和水撒向聖像和過路的人們"。這些少女正是上面提到的葡人的歐亞混血後代。

此外,不少因躲避教難而來到澳門的日本女人也加入了葡人妻妾的行列,史書對此也有記載。僅 1636 年,澳門就接受了 287 名來自日本的婦女和兒童,其中一部分是從長崎被逐的葡—日混血兒,他們在澳門集中居住,甚至形成了一個街區。

可是,隨着時光流逝和時事變遷,印度和日本的婦女不可能繼續來澳門。馬六甲的女人雖好,但好景不長。葡萄牙人在東南亞,特別是在澳門與中國進行的獨家貿易,引起歐洲後起列強的垂涎。1622 年,荷蘭人集中他們在遠東的兵力,全力進攻澳門,想搶奪葡萄牙人口中的這塊肥肉,但是沒有成功。然而,他們並不罷休,1641 年,荷蘭人掉頭攻佔了葡萄牙人在東南亞的重要基地——馬六甲。澳門葡萄牙人失去了與馬六甲的一切聯繫,就連那些深受葡萄牙人喜愛的馬六甲婦女也不例外。她們其中一部分人避居於澳門,而她們的姊妹就只能永遠留在南洋之濱。

亞比略‧巴士度和他的妻子唐‧熱諾瓦娜。

傳統的年代。（葡人畫家 R‧C‧巴士度拼貼畫）

在澳門居留之後，婚姻大事方面，澳門葡萄牙人又面臨着和先輩在印度和東南亞同樣的困境：當地沒有足夠的同族婚配對象。說起來有點誇張，但卻又是事實。據記載：16 世紀初期，整個澳門僅有一名葡萄牙白種婦人，至於那些歐亞混血的女孩，恃着身上的"高貴血統"，並非普通人等可以高攀。

澳門有的只是華人。因此，來到澳門的大量葡萄牙人，包括他們歐亞混血的男性後代，不可避免地只有走上與當地華人女性通婚的途徑。

這裡不妨看看浪漫的葡萄牙人如何解釋葡華通婚的現

象："這源自我們的性格，源自熱帶的異國情調。由於澳門海灣令人倦怠的寧靜而更加突出，月夜中萬籟俱寂，整個海灣蒙上一層令人興奮的紫丁香色的煙靄，舉世無雙。況且，中國人的行為舉止極為刺激感官。"舉目思親，萬里不見。單身寡佬，輾轉難眠。在這種情形下，誰能抵禦中國女子綽約身影的誘惑和那甜美笑聲的吸引？

但學者多從社會學的角度來探究：中國的士族制度森嚴和傳統觀念保守，體面的家庭絕不會允許把女兒嫁給紅毛碧眼的"番鬼佬"。然而，中國人也有十分落後的陋習，這就是重男輕女。貧窮家庭經常把家中的女孩廉價出賣甚至遺棄。因此，澳門的葡萄牙人可以有機會買到這些女孩，成為家庭傭工。澳門歷史上"妹仔"的稱呼就成為她們的專有名詞。

這些"妹仔"，即是女傭或是侍女，年幼時被父母以十幾兩白銀的價格賣給葡萄牙人。葡人認為，雖然買下這些女童做傭工，但可以帶她們皈依天主教，使她們的"靈魂得到拯救"，因而心安理得（儘管這種做法一直受到中國官方和葡國王室及教會的反對，但這種買賣婢女的方式至19世紀才逐漸消亡）。然而，對這種說法，葡萄牙人自己都感到難以自圓其說。他們只有自我調侃道，我們幾乎每個男人都養着一個"修道院"。

1637 年 7 月 5 日抵達澳門的皮特・蒙迪，在其著名的遊記中回憶道：他下榻的那所房子，家具、聚會方式都與其他地方無異，不同的是：那裡有一些船隊司令買來的中國姑娘。不僅如此，每個澳門家庭的戶主都擁有許多中國姑娘。她們被視若家具或家中的財產。

葡人家庭的華人"妹仔"陸續長大成人，唯一也是合乎實際的出路就是自然而然成為葡籍男主人的妾侍，或者是沒有任何名份的同居者。她們不可避免地為男主人誕下混血的後代。

至於由葡人慈善機構"仁慈堂"撫養的華人棄嬰孤女，在她們成年之後（每年數十個），大多數情形之下都可以獲得澳門葡人富商饋贈的遺產。富商不是無緣無故地捐獻出這些遺產的，而是為了滿足自己向天主"贖罪"的願望。這些遺產因此被指定成為孤女未來的嫁妝。例如：當時有個富商馬努埃爾・法瓦肖，他在遺囑中將其財富贈給 20 名孤女，由她們平分。那些動輒拿出幾百両白銀遺產留給"仁慈堂"孤女的富商，在歷史記載中更是屢見不鮮。

故此，除了自印度及東南亞之外，華人的"妹仔"和孤女就成為澳門土生葡人，母系祖先的另一來源。

身穿"黑色披風"的澳門婦女及一普通住宅的內景。

　　1625 年，連當時聖保祿學院的一個藥劑師也注意到，在葡萄牙人的妻子中許多都是華人。

　　當然，在那個時代，葡華通婚僅是單方面的行為，只有葡萄牙或歐亞混血的男性娶納華人女子，而絕無其女性後代嫁給華人。可以想像，那些褐髮碧眼的女孩，怎能"紆尊降貴"做華人家庭中低人一等的"小媳婦"？

宗教的推動作用

　　葡人東來的時候，有兩項追求在鼓舞着他們。一是金錢，另一是上帝。金錢不在話下，他們對上帝的崇拜也幾近狂熱的地步。

澳門土生青年。

　　來到澳門之後，葡萄牙的傳教士日思夜想，期盼着為上帝打開中華的國門。但這個工作實在是太艱巨了。

　　因此，葡萄牙人居停的澳門，就成為傳教士大展拳腳的最理想實驗場。16世紀中，他們跟隨着第一批葡萄牙人抵達澳門。緊接着的幾十年，他們在這個不大的半島到處築起教堂，像著名的聖保祿教堂（即大三巴牌坊的前身）、板樟堂、花王堂、望德堂及風順堂等，眾多的教堂使澳門榮膺"東方梵蒂岡"的美譽。

　　澳門的華人"有幸"了。無論在澳門居住的,還是來此謀事的;無論是商人、小經紀、小販、工匠,幾乎每一個華人都成為傳教士説服和誘導的對象。傳教士還專門為澳門的華人建造一間教堂,稱為"唐人廟",方便對他們傳教。精神啓導之外,傳教士還在澳門興建了遠東最早的醫院、癲瘋病診所和慈善機構,協助華人渡過生活和健康上可能遇到的難關。

　　澳門的華人居民終於放棄了祖宗的遺訓,許多人接受了洗禮,加入信奉耶穌的行列。到了 17、18 世紀,據不完全統計,澳門華人加入天主教的已有成千上萬人。擔任神父及教會各級神職的華裔也有三、四十名之多。

　　清代時人在詩中,對華人這種信仰天主教的情景也有描述:"禮拜從來七日期,耶穌經咒誦參差。名閨也喜隨班跪,進教梳傭未足奇。"連那些名門閨秀都拋頭露面,到教堂參加禮拜活動,這已經成為澳門的一景。

　　史料記載,這些受洗並歸化了天主教的華人,"久居澳地,漸染其習。語言習尚,漸化為夷"。他們不但改用葡人的姓氏,連語言習俗也和葡人逐漸融為一體,有的還改穿葡人的服裝,與其合夥買賣,甚至擔任公職。

　　正如有土生葡人説:"(華人)上我們的學校,學習我

表現澳門南灣的油畫。

們的語言，接受我們的文化，那麼他就會自動被認為是我們中的一員。"

有了相同的價值觀和世界觀，華人便逐漸融入葡人社會之中，成為他們的一份子，完成了所謂文化上的認同，因而出現了華人血統的"土生"，成為澳門土生族群中的一個支流。"土生"的概念，因而從自然的層面上升並擴展到文化的層面。

消除了宗教和文化上的障礙，華人就可以較以前更方便與土生葡人通婚。

這樣的例子在澳門歷史上屢見不鮮，例如：一個著名的土生家族的創始者安東尼奧，居然是華人。他出生於1732年，1737年成為土生葡人羅沙里奧（Rosario）的養子，並在風順堂接受洗禮。成年之後，他結婚的第一位妻子和他一樣，也是一名受洗而皈依天主教的華人，第二位妻子則是一名土生女子。安東尼奧和第一名妻子誕下的兒子，日後便成為了一名虔誠的天主教徒，在神職界擔任神父等重要職務。

還有上面所舉的那些 17、18 世紀三、四十名有華裔血統的神父及神職人員，全都是葡中聯姻的第一代或者第二代子孫。

曾經在澳門居住大半生的文德泉神父，從堆積如山的教區塵封檔案中，不辭勞苦地找到更多華人通過皈依天主教而融入葡人社會的證據。

1777 年至 1784 年間，澳門大堂區 18 對結婚登記中，新娘中具有華人血統的佔 14 對，新郎則有 8 對，而且，他們都具有葡文的姓名。其後，1822 年至 1870 年間，文神父還發現，澳門風順堂區的一批結婚登記錄，其中有 45 對也是葡中姻緣的結合。

儘管在那個時代，澳門有不少邁進天主教門檻的華人與土生葡人結緣，組織了家庭，但從總體上看，這還不是一種普遍的社會現象。

一些身份普通的葡人或土生葡人，或是來澳門服役的水手或士兵，多與普羅大眾階層的澳門華人婦女結親，正像《大辮子的誘惑》中阿托和阿玲的例子一樣，雙方雖然可以結合，但他們因此也要背負某些歧視的眼光。這種情況，直至 20 世紀中晚期之後，才有了根本的改變。

　　土生葡人中名門望族的後代，為了保持自己的身份、血統及特權利益，女性土生葡人會嫁給不斷由歐洲前來澳門的有身份地位的葡人，如一些軍官和商人，或者是圈中的佼佼者；男性首選自然也是圈內的土生葡人女孩。連那

澳門土生婦女。

些祈求改變自己社會地位的土生葡人，都樂此不疲地加入到這個追逐族內婚配的遊戲之中。因此，造成澳門的土生葡人出現"家家互有姻緣，人人沾親帶故"的情況。

這種親密的聯姻關係，在人際交往中帶來了一個"副產品"：凡是發生在土生圈子的事情，無論隔着多少層關係，隔着多少條街道，即使沒有任何先進的現代化通訊設備，總會迅速流傳，家喻戶曉。有一首土生歌詞不但反映出其日常生活的場景，還把這種錯綜複雜的人際關係生動地描寫出來：

陳舊的屋瓦一行行，風中的衣衫在曬晾，那磨光的石階，還有窗口的鮮花，陪伴着女孩在歌唱。

街上的麵包香噴噴，師傅的叫賣多響亮，火熱的太陽當空照，小販的叮叮聲飛揚在街上。

澳門就是這個樣。澳門就是這個樣。

早上起來開窗門，小道消息就往外奔，東家長來西家短，無人倖免無人認。

閑話講在"東望洋"，轉眼就飛到"海角遊雲"旁，"新馬路"那裡也不落後，一早傳遍大街和小巷。

那些閑話就像長翅膀，流傳起來愈加不像樣，剛才還在"燒灰爐",眨眼就到"阿婆井"上。

有人說澳門真叫大,我認為這並不是實情。從"媽閣廟"到"關閘"口,見到的熟人數也數不清。

現代葡中聯姻

婚姻關係是社會關係的晴雨表,男女之間的結緣,隨着社會發展而發展,變化而變化。

歷史的長河日復一日,年復一年,淌入 20 世紀,在這裡,終於捲起了軒然大波。

中國、葡萄牙以及澳門的政治舞台上發生的種種巨變,像個轉動不停的萬花筒,令人眼花繚亂。

20 世紀初,中國 2000 多年的封建統治崩潰,和葡萄牙前後腳邁入共和的大門。然而,巨浪之後,餘波未了。中國大陸由於政局不穩,戰亂連綿,無暇兼顧澳門的事務。這個小小半島在葡人的管治下,仍保持相對的安定。土生葡人因而可以憑藉着特殊的族群身份和精通葡文和廣東話的雙語優勢,在本地居民中獨享擔任公職的特權,收入穩固,生活安定。顯然,繼續通過維護族內婚姻從而保持純正的血統,是維持既得利益的最好方法。另一方面,形成

1927 年，一位澳門土生女子與一位歐洲人士的婚禮。

對照的是，許多華人居民在生活方面，則顯得風雨飄搖，朝不保夕，更遑論奢望與土生葡人攀親結緣。

20 世紀六、七十年代，是葡華兩個族群的關係最為緊張的時期。中國大陸"文化大革命"的紅色風暴嚇怕了土生葡人，他們紛紛離開澳門，遠走他鄉。

風暴終有平息的日子。

20 世紀 70 年代中期，葡中兩國的政治氣候再次先後發生了翻天覆地的巨變，葡萄牙的獨裁統治被推翻，那邊廂，中國的"文化大革命"也落下帷幕。澳門的天空曙光再現，政治、經濟和社會各方面展現出新的氣象：香港華人的大量資本進入澳門，帶動了本地經濟的起飛，澳門華人開始進入了中產階級的行列；1974 年葡萄牙在"4·25"左翼革命後，宣佈放棄海外的殖民地政策，正式承認澳門是葡萄牙管治下的中國領土，澳門的葡萄牙人和土生葡人開始面對現實，逐漸改變對華人的態度，經濟之外，澳門華人的政治地位也得到提升。

有心的研究者發現，作為華人經濟和政治地位變化的一個結果，在七、八十年代的時光流轉之際，葡中兩族通婚的比例在澳門歷史上第一次超過了土生族內婚。

到了 20 世紀 80 年代，隨着中國內地的改革開放，澳

1960 年代澳門土生葡人。(葡人畫家 R・C・巴士度拼貼畫)

門經濟進一步受惠。1987 年,中葡雙方政府通過聯合聲明確定了澳門 1999 年歸還中國的前景,澳門正式進入回歸的過渡期。

　　中葡兩個族群之間,到了這個時候,才學會了互相理解和尊重。種族、宗教、語言、習俗等方面的障礙都紛紛清除。反映在婚姻關係上,無論是華人男子迎娶土生女子,還是華人女子下嫁土生男子,都變得那麼普通和自然。那些愛說閒話的人再也不必奔相走告,傳遞那些無聊的兩族通婚中的"秘聞"。

　　老楞佐堂的神父説："以前土生葡人和華人甚少通婚，現在則非常普遍。我們這個教區中土生和華人結合的婚事高達 80%，而且在性別分配方面，二者很均匀。男土生娶女華人和女土生嫁男華人都有。另外就是，這些婚事混合了不同的宗教，即是教徒和非教徒都通婚。"

　　不但婚姻是雙向的，就連婚禮也是雙重的。

　　上午穿着潔白高雅的西式婚紗的新娘子在鋪滿白玫瑰的教堂中接受神父的祝福後，下午又換上端莊華麗的中式裙褂迎候賓客。

　　有的土生葡人乾脆直接選擇中式婚禮，來完成人生這

澳門曲棍球代表隊 1948 年在九龍京士柏公園拍攝，曲棍球是土生葡人最具特色的運動方式之一。

一最值得紀念的大事。這裡不妨看看一位土生葡人的新娘是如何用中文描述她的婚禮盛況：

> 因為我是葡萄牙人，從小就接受西方的教育。十歲那年，就移居到澳門。因為接受了多年的中國文化思想影響，所以也就融入了中國人的社會，並和一位華人結婚。
>
> 我的結婚典禮採用中國傳統方式舉行。其實用西方的方式大概會比較方便，只是在餐廳吃一頓飯便可。但為了跟隨丈夫，也為了滿足體驗中國文化的興趣，我們便採用了中國的方式。

澳門傳統土生葡人社會最有代表性的家庭之一巴士度全家福。

1990 年代澳門土生葡人。（葡人畫家 R · C · 巴士度拼貼畫）

　　我們用了一年的時間來準備這個婚禮，因為中式婚禮比較隆重也比較繁複。首先雙方家長見面商議聘禮和酒席事宜，再拿雙方新人的生辰八字來選擇擺喜筵的時間。同時，男方也需要提供餅卡連喜帖一起送給親友。

　　當然，在婚禮半年前拍攝中西婚紗相是必不可少的。

到了結婚前一個月，就要準備中國傳統的結婚物品，例如：男方要購買一對貼有喜字的椰子、海味、煙酒、生雞、禮餅和一對紅包，在事先擇好的吉日連同準備好的禮品送給女家。女家就把之前已買好的煎堆當作回禮送給男家。這個儀式稱為"過大禮"。

婚禮前兩個星期要去買結婚用品，包括"上頭"的物品，如梳子、尺子、紅線、鏡子和剪刀等等。結婚前一晚，男女雙方各自在家裡拜神，進行"上頭"儀式。長輩為新人梳理三次頭髮，說一些吉祥的好話。放過一輪炮竹之後，一家人一起吃湯圓。新房這時已經佈置妥當，鋪上紅色的被子，上面散佈着蓮子和紅包，還要經過一個男孩子在床上蹦跳，意即"連生貴子"。

結婚日，我的姊妹和親戚一早就到達我家，幫我穿上中式裙褂，備好花球。到了吉時，男方連同兄弟來到。新郎必須先要給眾姊妹一大封開門"利是"，經過姐妹們的一番嬉弄，才可以進入大門。在新人給女方家長敬茶之後，伴娘為我撐起紅傘，撒出白米。在男方兄弟們點燃的炮竹聲中，我依依不捨地上到花車，意即"行大運"。到了男方家裡，首先也是拜神，再給男方家長敬茶。

緊接的晚上，就是隆重熱鬧的婚宴……

這個中國傳統式的婚禮對於我來說非常有趣。如果我不跟華人結婚，都不知道有這麼多的禮儀要進行。

雙向的婚姻、雙重的婚禮，使得兩種血緣、兩種文化，正在潛移默化地緊密地匯合到一起。

19 世紀的澳門華人女性。

宗教

　　土生葡人和他們的父輩一樣，都忠實地篤信天主教。幾個世紀以來，年復一年，代復一代，自降生始，至蒙召時，他們都身體力行，不離不棄，如環無端地把這種源自葡萄牙的宗教傳統繼承並延續下去。

　　除了降生的洗禮、結婚的祝福、蒙召的祈禱，這人生歷程中的三件必不可少的大事，必須得到上帝的恩准和見證之外，土生葡人在日常生活中，還通過一系列的宗教儀式和活動，保持與上帝的溝通和交流，以表達其信仰和忠誠之意。

　　可以説，宗教對人一生的影響是不可忽視的。因為宗教可以提供給人們世界觀、人生觀，以至價值觀的資源。因而，從一個具有宗教信仰的人身上，往往可以較容易地看到其行為背後的動機。

　　同理，瞭解一個民族的宗教，就可以瞭解這個民族的根本特性。故此，對土生葡人所參與的宗教儀式和活動有必要介紹，更何況這些儀式和活動，就連當地的華人居民恐怕都不甚知曉。一年之中，土生葡人最隆重的天主教節日當然是復活節和聖誕節，其他活動都是與此有或多或少的關聯。

苦難耶穌聖像遊行日

苦難耶穌聖像遊行是復活節前的重要活動，目的是提醒教友"四旬期"將要來到，勿忘紀念耶穌為人們受苦受難，同時也提醒人們要懺悔所犯的罪。

甚麼叫做"四旬期"？原來，在復活節前有一段很長的封齋期，持續 6 周即 40 天左右，故稱"四旬期"。在封齋期內，教徒要刻苦自省，進行齋戒。"四旬期"的第一天又叫"聖灰節"。在"聖灰節"前的一個星期四，在澳門崗頂的聖奧斯定教堂開始"九日大耶穌大敬禮"。九天敬禮剛過，即進行"苦難耶穌聖像遊行"。

遊行儀式分兩天進行。

第一天為星期六。早晨 8 時，在崗頂的聖奧斯定教堂舉行共祭彌撒，由神父講道，提醒世人克己、贖罪、悔改、祈禱、淨化心靈，準備迎接基督的復活，使自己在精神上也像耶穌一樣復活，成為新人。至 9 時，由澳門主教穿上紫色祭衣主祭。在天主教習俗中，紫色表示哀傷、不幸、等待。下午 4 時舉行"拜苦路"儀式，由教徒參加。"拜苦路"是追憶耶穌基督揹負十字架上山所經過的 14 處歷程。晚上 7 時，耶穌聖像出遊。"苦難耶穌聖像"——

苦難耶穌聖像遊行日。

揹着十字架的耶穌是用木頭雕刻而成的，真人一樣大小，在出遊之前，要給聖像"梳洗"，把頭上戴的荊冠擦亮，並且要準備兩套衣服，都是紅色的，每天穿一套，表示去舊迎新之意。聖像周圍用紫色的紗帳圍着，表示哀傷苦難。聖像下面有敬獻的鮮花和畫，有木梯、刀、矛、葡萄等各種圖案。

星期六的巡遊路線是"短程"：從崗頂的聖奧斯定教堂經東方斜巷，過新馬路到噴水池、羅結地巷直達主教座堂。

遊行隊伍包括耶穌會的負責人、耶穌會員、神職人員和廣大教友以及警察樂隊。耶穌會會員穿紫色披風，群眾沿路默禱，由身穿紫色禮服的 6 名教友抬着"苦難耶穌聖像"，伴隨哀樂緩緩行進。

到達主教座堂時，澳門主教和紅衣神父，在教堂門外恭迎。進入聖堂後，以葡文講道，教友祈禱，親吻聖像，第一天的儀式至此告一段落。

第二天星期日為正日。下午 4 時，在主教座堂以中文講道，隨後，"苦難耶穌聖像"出遊，返回聖奧斯定教堂。返回的路線是"長程"，須走另一條路，要經過主要的 7 個站：第 1 站起點，主教座堂；第 2 站，玫瑰教堂，門口設祭台，放置蠟燭，鮮花；第 3 站，原白馬行醫院（今為葡萄牙駐澳門總領事館）；第 4 站，水坑尾街；第 5 站，南灣巴掌圍，設一小木屋，掛一幅苦難耶穌基督聖像；第 6 站，聖老楞佐教堂（即風順堂）；第 7 站終點，聖奧斯定教堂。每一站都要停下誦經，眾教友默禱、反省，然後再上路，一直回到聖奧斯定教堂，以葡文講道、祈禱……至整個儀式結束。

回程時，耶穌會的神父穿黑色長袍，頭戴黑色四方禮帽，鞋襪均為黑色。黑色代表嚴肅、隆重與哀傷，他手持一支點燃的蠟燭，沿途默想耶穌的聖死。

耶穌聖像由 6 名自願參加的耶穌會員抬着，他們穿紫色披風，都是男性。

遊行隊伍裡還有"天神團"。這是由天主教小學中的小朋友們扮演的。他們扮演小天使，沿途把籃中的鮮花撒向四方，象徵以鮮花鋪路。

"苦難耶穌聖像出遊"這個活動是由葡萄牙傳到澳門的，出遊的目的是顯示耶穌的偉大獻身精神。

在管樂隊的低沉迂迴的音樂伴隨下，人們緩緩而行，在沉思，在追憶，在低吟，在懺悔，連路旁的行人和遊客都停止嬉笑，默默地注視着隊伍經過。

復活節的彌撒活動。

復活節

　　復活節是耶穌死後復活升天的日子，其時間不固定，為春分月圓後的第一個星期日（大約在 3 月 22 日春分至 4 月 25 日之間）。

　　復活節是在澳葡人、土生葡人與華人教徒一個隆重的宗教節日。復活節前的星期五，也就是耶穌受難日，政府規定為法定的公眾假期。

在"受難日"當天，所有教友必須守"大齋"（即全日只能吃一次飽飯）。當日下午，各教堂均舉行"救主受難紀念禮"，其後，隨即開始"聖屍出遊"的儀式，"聖屍出遊"本是南歐的宗教儀式，澳門自 16 世紀設立澳門教區以來便舉行這項活動。每年耶穌受難日的當天下午 5 時，穿着紫色祭衣的教區神父為前導，教士抬着耶穌聖屍木像，警察樂隊奏出莊嚴肅穆的音樂，從主教大堂出發，眾多教徒，不分國籍，不分種族，緩緩地默默地跟隨在後，浩浩蕩蕩地經議事廳前地、板樟堂、主教巷返回大堂，巡遊一圈。

當天晚上的活動，有些土生葡人還保留着"走堂"的習俗。他們要不辭辛苦地去 7 間教堂。據說，那晚耶穌正在一間教堂的花園祈禱，他的門徒知道有人要害他，但不知道他在何處，只好尋遍當地的 7 間教堂去找他。然而，始終都來不及了，耶穌被羅馬士兵捉走了。今天的教徒就像古時候的人們一樣，去遍 7 間教堂，希望可以救到他們心中的耶穌。

星期六晚上，是復活主日的前夕，教堂舉行"復活慶典的夜間禮儀"，為時兩至三小時，其中包括：燭光禮、聖道禮、入門聖事和感恩祭。

星期日復活節當日，教堂設有隆重的彌撒活動，慶祝耶穌的復活，吸引大批土生葡人的信眾參加。

在復活節前，教區還印製了許多宣傳刊物和耶穌復活的彩色畫像，廣為派發，介紹復活節的意義與活動。

除了參加宗教儀式之外，復活節期間，人們還用雞蛋染出紅色或彩色的復活蛋，象徵春天和新生命的開始，也代表耶穌的復活和再生，並用來當作禮物送給朋友和家人。

聖母無原罪日和顯靈日

12月8日為“聖母無原罪日”。

天主教繼承了猶太教的教義，説人人都有“原罪”，這種“原罪”是由人類始祖亞當與夏娃造成的，一代代傳下來，故曰“原罪”。

只有依靠上帝派來的耶穌基督以他的血肉來救贖人類的“原罪”。

聖母瑪利亞是耶穌基督的母親，所以她雖為凡人，卻是上帝聖靈的接受者，故沒有“原罪”。

“聖母無原罪紀念日”當天，神父在聖堂主持儀式，舉行節日彌撒，歌頌聖母之德。教徒在聖母像前進行祈禱、祝頌，祈求聖母藉洗禮幫助人們洗脱原罪。唱詩班還歌唱

聖母無原罪日遊行。

《聖母頌》等讚美歌。

　　每年的 5 月 13 日，是聖母的顯靈紀念日。據說，聖母
曾在 1917 年的這一天在葡萄牙的花地瑪顯靈。澳門沿襲葡
萄牙的習俗，每年的 5 月 13 日，由一身素白的女士們抬着
聖母像出遊，並由 3 名兒童走在隊伍的前面，其衣着打扮
完全模仿當年在花地瑪看見聖母顯靈的孩子。在他們的後
面，成百上千名信徒手持洋燭，沿途唱聖詩、唸禱文緊緊
跟隨。巡遊從聖母玫瑰堂出發，到主教山上聖母小教堂為
止，並在此舉行露天彌撒，以宣揚聖母顯靈的神蹟。

　　每年的 “花地瑪” 出巡，正值天氣炎熱之始，信徒們
個個都是揮汗如雨，但為了表示對天上母親的敬重，他們
無一放棄，堅持走完全程。

聖誕節

　　12 月 25 日是聖誕節。無論在葡萄牙人管治時期，還
是回歸之後，聖誕節都是一個非常盛大的節日。

　　24 日晚為 “平安夜”。夜幕降臨，遍佈全城的聖誕燈
飾大放光彩，市民湧上街頭，或參與宗教活動，或欣賞節
日美景。

澳門聖誕夜。

8 時過後，宗教團體報佳音隊伍紛紛出動，向居民獻唱聖詩，以歡樂的歌聲感染聽眾，傳達平安的福音。廣場上還舉行聖誕音樂晚會。將近午夜 12 點，土生葡人和其他教徒紛紛到各區教堂作子夜彌撒，其中到主教座堂的人數最多。

儀式由教區主教主持，教堂內氣氛莊嚴肅穆，座無虛席。12 時鐘聲一響，即耶穌誕生時刻，身穿純白道袍，頭戴小黑帽的主教親自發表聖誕節獻詞，分別以中文和葡文宣讀，之後，十多名身穿白色天使服裝的詩班高唱讚美詩，最後進行"領聖體"聖餐。"聖體"是用麵粉和水製成的小圓餅，代表耶穌的肉體，食之可獲得聖靈之力，並體

教堂內部聖米基像。

驗耶穌捨己救世的偉大精神。教徒依次排隊到祭壇領受聖
體，主教和神父把小麵餅放入他們口中。

　　25 日上午，教徒又去教堂作彌撒，互相拜訪，慶祝聖
誕節日。長輩接受年青人的祝福，並向祝賀者送禮物。

追思節

　　11 月 2 日為追思節，是西方及全世界的天主教徒為已故的先人舉行彌撒聖祭和上墳祭祖的日子。

追思節當天，澳門的天主教徒和土生葡人紛紛往先人墓地祭祖。他們不像華人那樣上香、供奉三牲和水果，甚至不在墳前點蠟燭，只是向先人敬獻鮮花，默默地寄託哀思。之後，就去墳地內特設的教堂作彌撒，誦讀《聖母經》，祈求萬福聖母瑪麗亞保佑先人安息，在生的人們幸福平安。

當日，天主教各堂區皆為亡者主持追思彌撒，例如：主教座堂連續舉行三台中文彌撒，兩台葡文彌撒；崗頂聖奧斯定堂三台彌撒；望德聖母堂多台彌撒；聖安多尼堂連續三台彌撒；望廈聖方濟各堂一台彌撒；花地瑪聖母堂連續三台彌撒；逾越園一台彌撒；祐漢聖若瑟勞工主保堂一台彌撒；氹仔嘉模聖母堂連續三台中文彌撒及英文彌撒；路環聖母聖心小堂一台彌撒；聖老楞佐堂連續六台彌撒。

在追思彌撒上，人們可以聽到主禮神父的聲音：“仁慈的天主眷戀着我們及我們的祖先。今天，我們在這裡特別感念天主的厚愛，他使祖先教養了我們，我們緬懷祖先的各種恩德，同時也深信他們已安息在天主懷中，現在讓我們懷着信心和希望，向天父祈禱。”

眾人回覆道：“仁慈的天父，我們感謝祢恩賜了我們的家庭，信仰祢聖子的福音，我們深信他（亡人）已安息在祢的國土，獲享天國的福樂。求祢幫助我們能效法先人的芳表，堅信於祢，他日在天國與我們的先人共用祢聖子為我們準備的永生。因主耶穌基督之名，求祢俯聽我們的祈禱。”

在儀式進行中，神父把一個黑色的彌撒金袋傳給教徒，教徒可隨意將捐助的“彌撒金”放入袋中。這些錢將由教會用以為死者煉靈，祈禱死者早日升天。

時光流逝，土生葡人的宗教生活從他們的父輩直到澳門 400 多年後的今天，已逐漸發生微妙的變化。

現代生活的節奏加快了許多，有人連去教堂都抽不出時間。根據最近一次調查發現，即使土生葡人信奉天主教的比率幾近百分之百，但那些經常去教堂的只佔三分之一，而那些僅在節日才去教堂的，或是基本上不去教堂的，也都各佔三分之一左右。

在華籍母親及其社群的影響下，不少土生葡人也逐漸接受中國的宗教和民俗習慣。

一位土生葡人回憶説：“我前往里斯本讀大學的時候，我母親把我帶到觀音堂，要我向神靈叩三個頭。我沒有辦法，只有照足來做。”

在每年隆重的中國傳統節日裡，如春節期間，在年三十於酒樓擺設團年飯席上，在大年初一熙熙攘攘的拜年人群中，在節日期間煙霧瀰漫的炮竹燃放區裡，人們依然可以看到那些土生葡人的身影，他們也像華人一樣，盡情享受這個喜慶的日子。

　　除了參與中式的節慶活動外，不少土生葡人都信風水，看掌相，通過中國傳統的占卜方法，去預測和選擇自己的前途命運。就連警察部門中的那些土生葡人，每逢年節喜慶之際，都會向關帝神位拜祭，敬獻三炷清香，祈求平安庇佑。

GRAMMATICA
DUPLEX,
Latinè, & cum Characteribus Sinensium.

ITEM

SINICORUM
REGIÆ BIBLIOTHICÆ
LIBRORUM
CATALOGUS,

Denuò, cum Notitiis amplioribus & Charactere

Sinico, Editus

JUSSU

LUDOVICI DECIMI QUINTI.

Author STEPHANUS FOURMONT, *Arabicæ Linguæ in Regio Franco-
rum Collegio Professor, Regiæ Inscriptionum atque Humaniorum Litterarum Aca-
demiæ Pensionarius, Regiæ Bibliobeca Interpres ac Sub-Bibliothecarius, e Regiis
Londini ac Berolini Societatibus, &c.*

LUTETIÆ PARISIORUM.

Chez {
HIPPOLYTE-LOUIS GUERIN, ruë S. Jacques, à S. Thomas d'Aquin.
ROLLIN Fils, Quay des Augustins, au Palmier.
JOSEPH BULLOT, ruë des Prêtres S. Severin, à S. Joseph.
}

Ex Typographiâ JOSEPHI BULLOT.

M. DCC. XLII.
CUM APPROBATIONE ET PRIVILEGIO REGIS.

有研究土生葡人的葡萄牙人類學家說過，構成族群的認同標準，通常有三個。其一，是人種；其二，是宗教；其三，是語言。作為澳門的一個重要的族群，除了上述兩章介紹的人種和宗教特徵之外，在語言方面，土生葡人也具備了與眾不同的特點。

最早的歐亞混血兒跟隨葡萄牙人進入澳門的那一刻，他們同樣完全不明白當地的語言，甚至把媽祖閣的名字誤以為是澳門的名稱。當時他們只講自己的語言。

然而，說起來似乎有點難以置信，歐亞混血兒與葡萄牙人儘管生着相似的面孔，但他們並非都講同一種語言。

葡萄牙人當然說本土的葡萄牙語，而歐亞混血兒，正如前面所述，他們有的根本就沒有到過葡萄牙，因此，他們一方面跟隨父親說葡萄牙語，另一方面，又受來自當地的母親影響，說着土語。

土語的主體是葡萄牙語，但在其流行東方 400 多年期間，吸收了來自非洲、亞洲的許多地方的方言混合而成，隨着歷史的演進，這些土語逐漸形成一種正式的方言，稱作"巴圖阿"(Patoa)。

以前，"巴圖阿"常常因為那種詼諧的發音，不合語法的句式，而令操正宗葡語的人士發噱。近年來，學者們卻多從人類學和語言學的角度，探討"巴圖阿"的來源和結構。

在一本由白妲麗編撰的著作《澳門方言（即土語）生僻詞詞典》中，她共發現了 426 個非葡萄牙語語源的詞彙，其中馬來語詞源 151 個，印度詞源 86 個，中文詞源 75 個，英語詞源 32 個，其他語言詞源 82 個。由此可見，在古老的澳門土語"巴圖阿"中，以馬來語的影響為主。

至於不同語言在"巴圖阿"中加入的比例不一，多寡參差，究竟如何解釋？這是由於葡萄牙人在遠東最先登陸印度以及馬六甲，因而不僅最早僱用當地女子為奴婢，也最早與那裡的婦女結緣。家庭生活的近距離接觸，使當地語言不可避免地對葡萄牙語產生巨大影響，特別是衣食住行方面的詞彙更是大量湧入交流的媒介中，例如：市場、酸菜、漂亮、茅草、窗板、巷子、鴉片、颱風、紅糖、內衣、檳榔、線、錫、陶罐、哈哈大笑、蒟醬葉、木屐、小孩子、斤、蚊帳、薄布、醬、柿子、元宵、痳疹、玉米、鹹蝦、棉布、驚風、糕餅、風箏、芋頭等等。

正是由於當地詞彙的大量加入，也由於簡易文法的不斷湧現，葡萄牙語逐漸產生了分支，"巴圖阿"這種方言出現了。

星移斗轉，當一代又一代的歐亞混血兒在澳門本地出

1956 年在澳門出版的 *El Lenguaje Chino Moderno* 封面。

生，他們從家中的華籍母親那裡，從中國女傭那裡，從華人的鄰居那裡，不可避免地學到了不少當地的廣東話。有些甚至進入了"巴圖阿"之中，主要是水果、蔬菜之類的名稱，以及備受青睞的中國烹調用的佐料、盆菜和這個地區特有的東西的名稱，因為從葡萄牙語中找不到相應的詞彙來表達。這就大大豐富了"巴圖阿"的詞彙內容。

不難看出，"巴圖阿"主要在家庭生活中流行，為那些沒有甚麼文化或者文化程度不高的女性使用，所以有人說，這是一種女性的語言。

從 19 世紀下半葉起，隨着公立和私立教育機構的相繼成立，土生葡人在當時殖民政府的要求和鼓勵下，同時也是為了保住他們佔據的公職位置，開始重視起葡文的學習。而當時受教育的對象當然是那些將來擔當重任的男孩。然而，學講正規的葡文，這對他們來說並非一件容易的事。因為男孩子在平時的生活中，都十分流利地説着其母親的語言——"巴圖阿"或廣東話，但在課堂上，這些孩子只准説標準的葡萄牙語，如果不説，就要受到處罰。

無人説"巴圖阿"了。就這樣，這種土生土語逐漸退出了男人的世界。直至 20 世紀中，當女孩子和男孩子一樣，共同享有機會到學校學習正規葡語的時候，土生土語就更加日趨冷落了。

今天，主要是那些上了年紀的土生葡人婦女還會記得她們幼年時候從母親那裡學到的語言。

如果有人懂得葡文，又對土生土語感興趣，可以嘗試讀讀這首用土語譜寫的歌詞：

Da su coracam

Rico sa sapeca logo tem

Tudo ancusa sa pode acha

Flicidade poco tem

Ora sa nadi compra

Pobre filo-filo tanto tem

Mas filiz tem ora lo senti

Alegria sabe vem

Coracam inchi…i…i

給我你的心

富人們有數不盡的錢和財，

他們會得到一切心頭的喜和愛。

但是快樂就不會太多啦！

因為它用金錢無法買回來。

反而窮人會有更多些快樂，

因為快樂就是他們的感覺。

他們知道快樂從哪裡來，

正是來自他們心中的淳樸。

如今，"巴圖阿"這種土生土語正如枯木逢春，2006年10月，澳門土生教育促進會等7個團體簽署合作協議，努力爭取將土生土語申報為聯合國教科文組織認可的世界非物質文化遺產，賦予她新的生命，讓她伴隨着土生葡人社群長久地存在下去。土生土語，已不局限於澳門，早已超越了地域的界限。那些已經移民近至香港，遠至北美和巴西的不少澳門人，至今有的仍然在說着這種語言。無論居住在世界的任何地方，一聽到土語，一說起土語，就彷彿回到澳門以前的時光，看到那些狹窄而又寧靜的街道，聞到母親烹飪出來咖喱牛肉的香味。有人可能想像得更遠，通過土生土語，甚至回憶起葡萄牙人幾百年前，不惜萬里，來到亞洲，與這裡不同國家和種族的人們相處過數個世紀的難忘歲月。

不久之前，有人進行調查，為瞭解土生葡人的語言狀況。在受訪者當中，有近九成人會講葡語，會講廣東話的更多，接近百分之百，然而，會講或會聽土生土語的，只有半成人左右。

土生葡人在語言和精神上不僅仍然依戀着原本的家園，在中國的這片寶地，更找到新的家園。

自 20 世紀 70 年代起，香港以廣東話為主要媒介的電

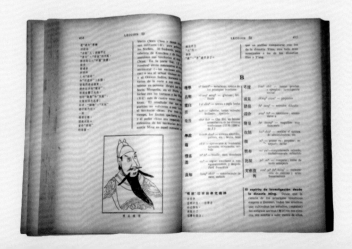

1956 年在澳門出版的 *El Lenguaje Chino Moderno* 內頁。

視節目進入澳門的千家萬戶，同樣對土生葡人的生活產生了巨大的影響。不但其內容人物深入人心，就連帶溝通媒介——廣東話更是銳不可擋地佔據了土生葡人語言交流的舞台。

到了今天，土生葡人典型的口頭表達方式，就是葡語夾雜着廣東話，甚至還有英語，在談話中不斷地交替使用。所以有專家認為，今天土生葡人講的是一種語言的混合體，是一種混合語。

請看下面的對話。

"Olha, empresta este Livro a mim, ha? "
（喂，把這本書借給我，行嗎？）
"Sorry, hoje 唔得，Preciso ele……"
〔英語　葡話　廣東話　葡語〕
（對不起，今天不行，我要用……）

這種獨特的表達方式，不僅是語言的標榜，更是身份的象徵。特別是澳門回歸之前，土生葡人們憑藉這種語言的溝通方式，自成一體，不認同自己是正宗的葡萄牙人，更不認同自己是華人或中國人。"我們誰都不是，我們就是我們。"

　　儘管土生葡人操着比不少新移民還要流利標準的廣東話，但以前，他們並未掌握中文的書面語言，也就是說，他們既不會認讀，更不會書寫。自澳門將要回歸中國，除了部分不想繼續留在本地而遠走他鄉的人以外，許多土生葡人也開始認真並正規地學習中文。

　　根據上述同一調查，今天的土生葡人中，已有將近九成在一定程度上會寫中文，會認讀的更高一些，就連普通話，也有逾八成人會聽或會說。

　　大多土生葡人在學校裡都學習葡文，工作之餘又掌握了中文和普通話，因而就可以更好地擔當起葡中兩種語言的翻譯和溝通工作，這就讓土生葡人在語言方面，比其他族群更具優勢。

　　澳門中西文化的融匯與影響，不僅在族群和宗教兩方面，就連語言也不例外。

　　葡萄牙語屬於拉丁語系，無論在名詞的性別和數量，動詞的時態等方面，都有嚴格的要求。而漢語則十分簡單，名詞和動詞沒有這些要求和限制。連從漢語衍生出來的方言，包括廣東話，也沒有上述的這些規範。所以，那些說慣了廣東話的土生葡人，特別是一些年輕人，若再說起葡語，已經是無拘無束，在名詞和動詞的語法方面，就變成了類似漢語那樣的"無性別，無數量，無時態"的"三無"語言。如果要他們再按葡萄牙語的規則，一板一眼，循規蹈矩，就像一個人穿慣了便裝，又突然換上西裝一樣，就變得十分不舒服和不自在。

例如：吃飯一詞，遇到各種人稱，我、你、他甚麼的，依照葡語的規則，必須要求動詞詞尾加以相應的變化。但有土生葡人偏偏一於懶理，固執地把這種動詞像漢語一樣，全都使用無須變化的一種詞尾來表達。"反正大家都明白吃飯是怎麼一回事，何必再去不厭其煩地分辨其人稱呢？"

那些來自葡國本土的語言衛道士們，看到賈梅士留下的優美語言被"糟蹋"成這個樣子，真是哭笑不得，又感慨萬千。他們說，學校的教師不是在為反對使用"巴圖阿"語而戰鬥，他們是在同土語的中文的傾向和影響鬥爭，這種傾向今天比三、四十年前更為嚴重，並一天天在我們當中擴展，這是一場真正的、無間歇的戰爭。

是啊！捍衛自己語言的純潔與尊嚴，是無可非議的事情。然而，誰又能避免這些發生在中西文化碰撞和交融中，意外出現的"小插曲"呢？

烹飪

　　有人感慨，澳門的土生烹飪，當今已經衰落了。那富有特色的各種菜式，曾經以其多樣和美味而聞名，令到無論是當地居民，還是各地過客，都讚不絕口。

　　今天，當 50 多歲的人們回憶起利為旅酒店的餅屋，陸軍俱樂部的茶會，沙利文餐廳的套餐，眼睛裡都閃着淚光；提起那些著名的芒果摩士、鹹蝦豬肉、免治豬肉等等，都使人垂涎不止。

　　全世界各個民族均有自己喜愛的食品，這離不開每個民族的生活環境、方式和習慣。

　　這個話題還要從頭説起。

　　自伊比利亞半島啓程，向着茫茫的大海進發，在葡國人的航船裡，除了乾糧之外，還帶有一些佐料和副食，如月桂和橄欖油，臘腸和葡萄酒，正是靠着這些簡單而又傳統的食物，支撐着葡萄牙人走過了一程又一程艱苦的海洋之路。

　　當到達非洲，特別是亞洲的大陸，葡萄牙人除了找到他們夢寐以求的各種香料之外，還發現了許多新奇的植物和蔬菜。他們試着使用當地的材料，依照定居之地的風俗慣例，探索出新的烹調法、新的文化和新的生活方式。

　　咖喱和各種香料（肉桂、豆蔻、胡椒、丁香等）是葡人為了滿足自己的口腹之慾，在印度和東南亞地區的最重要發現。利用這些調料，從印度、錫蘭、馬六甲和帝汶的飲食之中，葡人逐漸形成了一種別具特色的烹調方法。

咖喱是印度的食品，其濃郁的香氣，辛辣的味道，使所有葡國殖民地和其他各國的人們為之垂涎。葡國人將其帶來澳門，再加上丁香、豆蔻，由土生烹製成最拿手的咖喱雞、咖喱魚、咖喱海鮮，更成為當地著名的菜式。

澳門土生菜餚既豐富多彩，又美味可口。這些菜式，有人評論是既非中式，亦非西式，帶有葡國的根基，又嫁接了一些果阿、馬六甲和帝汶的"枝葉"。這些菜餚以味道濃重為其特點，這與華人傳統的口味不同，也許濃味及重辣就是澳門菜和精美清淡的中國菜之間最涇渭分明的區別之一。

儘管如此，與華人經歷近 5 個世紀的密切接觸和共同生活，土生葡人的口味和飲食習慣還是不可避免地受到當地華人的影響。試問在他們的家庭中，誰能不吃華人母親或女傭親手烹煮出的飯菜呢？

此外，這裡還聽說過，在澳門曾製作過不少起源於葡萄牙的，17 世紀修道院中各式正宗的甜、鹹食品，例如：蛋黃羊腿、雞絲羹和牛奶米粉雞脯羹。這些聽起來已經令

土生菜式。

人不可抗拒的美味食品，可能是對神職人員清苦生活的一種補償吧！但可惜的是，今天都已經失傳了。

部分具代表性的土生葡人菜餚品種

湯類

　　米粉蝦湯，在中菜的基礎上發展起來，由米粉和蝦湯製成。

冬瓜羹，用豬肉、鹹蛋和粉絲調製。

海鮮類

鹹蝦醬、主教蟹、番木瓜蟹和釀蟹蓋，這是土生葡人的四種海鮮食品。其中值得特別一提的是鹹蝦醬，其來源是一種馬來亞的調味汁，但在澳門，每家在製作細節上都有所不同。據澳門一些婦女說，用桂葉製作的最香氣撲鼻，所以稱這種調料為"鹹蝦葉"。

禽類

血鴨、油雞和黃薑粉雞為澳門土生婦女最拿手的三道菜。頭道菜是把伊比利亞半島製作禽血菜的技術用到中餐受青睞的鴨子身上，以胡椒粉、月桂葉、黃薑粉等香料將鴨塊醃浸後再加入鴨血醋烹製。後兩道為十分明顯的中式菜餚，黃薑粉雞由雞蛋和薑做成（黃薑可以驅風）。澳門婦女分娩後，保母或她們的中方親戚給她們準備的第一頓飯裡就有這道菜。

蔬菜類

釀苦瓜，用豬肉餡製成。

葡式咖喱蟹。

燒沙甸魚。

雜錦素菜，菜中有各種蔬菜，如雍菜、中國白菜、青番木瓜、芥菜等，加入鹹蝦及番木瓜花後，用醬汁在火上慢慢燉熟。

魚類

酸辣魚，這是一道印度菜，主要原料有洋蔥、藏紅花及椰肉絲，味濃辣。

此外，在澳門還有著名的馬介休魚，即鱈魚，更有多種烹飪的方式。

肉類

鹹蝦酸子免治豬肉。這道菜可能起源於英國，而何時出現在澳門，不得而知。但似乎這是一道結合中西餐特點的菜式。

　　燜烤豬肉也是一道不可遺漏的澳門菜，用豬肉或牛肉製作。根據使用的調料來看，如胡椒、藏紅花、桂葉及蒜末等，可能是一道古老的葡萄牙菜的翻版。

　　澆頭肉為另外一道頗具特色、深受歡迎的當地菜餚。這道菜用粉葛、蘑菇、烏賊及豬肉絲燉成，是一道歷史悠久的澳門菜。

　　雜燴肉，這道菜的原料有：雞、中式香腸、燻肉、炸發的豬皮、火腿、豬蹄、鹹肉、兩種青菜、蘑菇和蘿蔔。

　　"福祿壽"是一道用冷肉製作的菜餚，它用生薑、辣椒、醬油、芥末和薄荷來調味。許久以前據說是日本菜，加上薄荷，卻成為地道的葡萄牙餐製作。

　　大雜燴也許是澳門菜中最聞名遐邇最美味可口的一種，也叫魔鬼餐，是用盛宴剩下的各種肉菜做成，實際上是用西紅柿和洋蔥，然後加進各種肉菜，配上芥末、鹽和胡椒這些佐料。如果要濃辣一些的話，可放幾枚小辣椒。人們以為這是一道地道的澳門菜，實際上，在維多利亞女王時代，雜燴汁是一種在英國人中十分流行的濃重味道的菜餚。

　　此外，帶有葡國／印度／東南亞特色的菜餚多不勝數，例如：石鼈（米粉做外皮，豬肉和醃菜為餡兒的食品）、馬介休球（由葡國傳入，將馬介休魚碎加上薯蓉和生雞蛋，用橄欖油炸）、蝦角、咖喱角、芝士多、湯米粉、澳門式乾煎蝦球、木瓜花煮蟹、茄子蝦、椰汁炒馬介休、吉列豬扒、非洲雞、葡國雞、燜牛肉、葡式烤魚、薄荷葉牛肉丸、免治牛肉、紅豆豬手、咖喱牛肉、咖喱魚或咖喱海鮮、印度牛舌、雜燴鍋巴、椰菜卷、炒雜菜等等。

具有中國特色的糕點菜餚則有：蘿蔔糕、蕉葉餃、炒米粉、雞粥、清蒸撻沙魚、蓮藕燜鴨、沙薑炒雞、豬肉炒蜆、釀節瓜、苦瓜船等等。

受當地華人的影響，在農曆新年、端午節以及中秋節，土生葡人跟當地華人一樣，一家大小，熱熱鬧鬧，或者去酒樓飲茶，或去餐廳吃飯，吃一些中式風味的食物，共同感受節日的氣氛。

主食

鹹蝦酸子飯，以前在野餐中是作為冷菜食用的，在澳門很受歡迎。米飯用豬油攪拌後，在食用時澆上鹹蝦酸子汁。

雜錦飯是一道大菜，以蕃茄汁調味的米飯為主，配以大香腸片、中式火腿、雞肉、葡萄乾、煮熟的雞蛋、土豆

馬介休球。

和炸麵包片。

　　臘味飯是一種營養豐富的米飯,因是熱菜,一般在冬天食用。製作原料有:糯米、臘肉、豬肉腸、肝腸、五花肉和烏賊魚。

　　嚤囉飯,因為白米飯太單調,土生葡人加入了香腸、

紅豆豬手。

香料、各式肉腸、咖喱、海鮮等，再用黃薑把米飯染成黃色，或者放上醃製的雞，叫做嚤囉雞飯。

酥皮肉餅，用藏紅花調料，並用去骨魚肉或魚糜做餡。

其他的主食還有蛋糕、麵包、果醬、火腿。

甜品

如果說，正餐因為色香味均佳令人大快朵頤，那麼，甜品同樣因其精美紛陳而給人們以滋潤和享受。澳門的甜品大部分使用當地配料，按照葡萄牙一些傳統的配方而製作。

花式蛋糕的糖果。這在每個重大的場合是必不可缺的。直到不久前，土生葡人在中國農曆年前夕常製作這種糕點，作為對聖誕節期間從華人朋友那裡收到禮物的回贈。這些甜食中最具特色的有小吻糖（這是一種用雞蛋做的塊糖），蜜餞桔子（它的外皮飾有特別的紋飾）以及那些類似 17 世紀十分有名的葡國款式糖果。

牛油糕，這是一種以杏仁為主的甜點心，為印度及阿拉伯世界的一種特有食品。

還有用糯米、椰肉末、糖和牛奶製成的巴基糕；用番薯、椰肉末及雞蛋製成的薯仔餅。

　　吉時布甸，聽到這個名字人們馬上會想到果阿甜食中那種特有的層狀食品，但澳門這一食品卻是一種用椰子水製成的蛋奶甜品。

　　蛋散，一種油炸的甜餅。

　　老婆餅，這種食品在澳門很受歡迎。其歷史十分悠久。這一糕點，連同千層酥、蝴蝶酥及基紐糕，實際上是葡萄牙一些糕餅店的同類糕點的翻版。

　　喳咋是一種甜羹，由椰子、綠豆、西穀米和芋頭製成。

　　蜜梨糕是用糖水梨製成。

　　米通是用糯米、紅糖粉、炒花生及蜜餞椰條製成。

　　蜜蠶豆亦是一種小點心。

　　豆麵團是一種蒸糕，原料為炒糯米粉、紅糖、炒松仁末、椰肉末、白芸豆粉及胡椒粉。

　　馬爾卡佐德是一種歷史十分悠久的葡萄牙糕點，原料為雞蛋、糖和麵粉。

　　豆撈（糯米糍）為一種小點心，是用糯米粉和炒熟的豆粉做的。

　　此外，還有豬油糕、甜飯、鬆糕、番薯餅、椰汁糕、紅酒提子蛋糕、冬瓜醬、芒果布丁、杏仁餅、鳳爪凍膠以及咖啡大菜糕。

節日食品

以上這些各具特色的食品，在不同的節慶日子，可以不同的組合形式大派用場，增加喜悅的氣氛。

在聖誕晚餐上，土生葡人的餐盤上大都是馬介休魚。以前的人們，為了吃齋，只喝魚湯。今天已經沒有甚麼人只喝魚湯了。除此之外，還有魚餃、杏仁餅、豬油糕等。在這時節中，桌上不可缺少牛油糕、薄餅和耶穌枕頭（一種用麵粉、雞蛋和蜂蜜製成的糕點，是葡萄牙中世紀時的食品）。這幾樣東西分別象徵耶穌的褥子、毯子和枕頭。

在晚宴上，那配上藏紅花的石斑魚餅和松子，仍受到大部分土生葡人的喜愛。果仁餅則是一種被葡萄牙人帶到東方的阿拉伯傳統甜品。

菜餚和甜點的周圍，還有婦女們用薄紙精心製作的剪花裝飾，更是爭艷鬥麗，引人注目。

嘉年華，往昔狂歡節之際，澳門人常製作蘿蔔糕、龍鬚糖、豆麵團子。蘿蔔糕是一種用熟蘿蔔和糯米蒸成的

宴會上的土生菜式。

糕。龍鬚糖用熔化的糖製成，形同一把長長的白鬍鬚。豆麵團子也是一種用糯米粉、松仁加上磨碎的芸豆粉製成的食品。

復活節，以往可以津津有味地品嚐葡式烤羊肉、龍鬚糖和豆撈也是四旬齋期的必備甜品。

婚禮和領洗禮專用的甜品有紅酒和提子蛋糕、燉蛋、糯米糕和馬拉糕，最著名的如"新娘頭髮"，是一種雞蛋做成的食品，其絲狀的外形，像頭髮一樣，故名之。

餐飲節目

節慶的盛宴之外，平時的餐飲節目也很引人入勝，多姿多彩。

由於土生葡人熱情好客，在葡萄牙古老烹調傳統和東方美食的影響下，創造了"肥茶"(cha gordo) 這種飲食方式。

這是一種主調為家庭式的，氣氛較為隨便的餐會，從下午茶開始，直至正餐完結。客人們隨到隨吃，隨吃隨聊。在二、三十種精製的各式甜、鹹點心面前，簡直眼花繚亂，難以取捨。

婦女在製作"肥茶"時必定抱着精益求精的態度，因為這是顯示她們烹調菜式和製作點心的高超手藝的好機會，誰不想在餐桌上贏得讚揚和榮譽呢！對於每個待嫁的姑娘，同樣不可掉以輕心，通過這樣的實習，可以訓練她們日後成為稱職的家庭主婦所必須掌握的才能。

在澳門土生葡人家庭中，從早餐到晚餐，各種餐會不僅為了充飢果腹，也加入了各種不同的社會意義。

土生葡人講究名譽，就連餐飲也不例外。每個家庭保存下來的古老菜譜，會成為這個家庭的標誌或徽記，某些菜式的名稱甚至奉為家族本身的代名詞。

有土生葡人回憶，那時的餐會，除了可以維繫親朋戚友的關係外，還有確認個人社會身份的作用，能夠上了某某人物的餐桌，往往是有些客人沾沾自喜的原因。

今天，共同享用土生菜帶來的只是歡樂，是家人和朋友們進餐時的歡愉以及分享餐桌上食物的樂趣。準備一頓數量豐盛、種類繁多的餐會，不僅提供了社交的便利，更是盡地主之誼，顯好客之道，使生活充滿溫馨和友誼的大好機會。

土生葡人喜歡吃，又懂得吃，愛好研究食物，鑽研最佳的烹調法，是優秀的廚師，他們因此集美食家和烹調家的稱號一身而當之無愧。

　　土生葡人不僅是美食家，也是社交家。通過世界各地進行的土生菜式比賽，評出優勝者，可以加強彼此之間聯繫，體現散居世界各地的土生葡人鄉親們團結一致的心態和精神。

　　澳門的土生葡人美食，給人留下難以遺忘的印象，正如一首甜美的澳門歌曲所唱：

　　往昔的甘飴，我從祖母手中接過這家庭秘方，寫滿對流亡之地的懷念和喜愛；慷慨無私的方劑，輕吟緩唱的甜蜜，帶有芬芳而富麗的故土的辛酸。

　　一片長春藤的湛綠模糊了他的視線，讀到的秘方寫着奇異的名字，Sutates、achares 和 bitchos-bitchos（蟲仔餅）、ladu（豆撈）、siricaia、bebinca 全是美味中的美味。

　　從那裡做出布丁，alua（牛油糕）和 panicuque，那是祖父母從小就熟悉的東西，而對 genetes 懷有細緻的回憶……用所有這一切做成了我們的一種飲食！

　　她童年的花園如今在哪裡吐艷？那是芳草地生長巴豆和茉莉的花園！這是對異國芳香的永恒回憶，也是來自如此遙遠的思念。

文化

　　土生葡人在澳門這塊土地上生息繁衍，世代相傳，像一棵棵移自遠方的堅毅不拔的植物，汲取着東方大地上的陽光和雨露，頑強而又茂盛地生長，最終結出各具特色的種種果實，在澳門的文化花圃中，大放異彩。

文學

　　19世紀下半葉，庇山耶（Camilho Pessanha）從里斯本來到澳門，由於他的大半生都在澳門居住，並掌握了中文，因此被當作土生葡人來看待。其詩集《滴漏》最是聞名。有人説，其詩作"簡潔而極其優美的文筆令人驚嘆，簡直是不折不扣的象徵手法，意蘊深遠，如疾風之掠水，音樂之縈繞，實在是葡萄牙象徵主義爐火純青的代表作，可以與歐洲的象徵派詩人並駕齊驅。"

　　律師飛歷奇（Henrique Fernandes），則是當代的土生著名作家，1923年出生於澳門。他完成中學教育，赴葡國深造法律之後，又回到出生地，從事律師職業。幾十年來，飛氏寫作了許多著名的中短篇小説，如書首介紹的電影《大辮子的誘惑》，就是根據其中一篇攝製而成。飛歷奇的許多作品，充滿了對鄉土的熱愛。特別是對生息在這塊土

澳門最有代表性的葡文報紙之一《澳門消息》報的社長，編輯和作者以及職員的合影。其中有 40-50 年代澳門知識界的一些最知名的人物，如德奧林達‧達‧賁塞桑（作家，後排從左至右第 9 人），路易斯‧賁薩加‧高美士（歷史學家和語言學家，第 11 人），和赫曼‧馬沙度‧蒙特羅（報社社長，第 12 人）。

地上不同族群的相互關係，他傾注了高度的關心和充分的理解。

女作家江道蓮（Deolinda Conceicao），1914 年生於澳門，在四十多年的生涯中，創作了不少膾炙人口的短篇小說，其中以《長衫》、《施捨》及《承諾》最為出名。作家以其女性的敏感和立場，特別在作品中描繪出東方的女性在面對陌生及複雜的西方世界時，所表現出的嚮往和追求、迷茫和衝突。她們飽受磨難，然而並沒有屈服，相反，以堅強的力量去蔑視苦難，向以男人為主宰的世界發出了吶喊。這是一部三、四十年代中國婦女生動的生活畫卷，催逼着人們去進行深刻的反省及思考。

繪畫

　　畫家畢士達（Marciano Baptista）1826 年生於澳門，從小具有藝術天分，後跟隨大名鼎鼎的英國畫家錢納利習畫，刻苦勤學，最終自成風格，成為土生葡人公認的重要畫家之一。畢氏功底深厚，擅長水彩，後來移居香港，其大量作品反映了 19 世紀末香港殖民地迅速蓬勃發展的情況，澳門賈梅士博物館有收藏其畫作。

　　在已去世的本地葡人畫家中，杜連玉 (Herculano Estorninho) 也堪為一提。1921 年，他出生在荷蘭園區。多次舉辦畫展，作品以水彩和油畫為主。他不但善於模仿中西繪畫大師的風格，而且也努力發揮自己的特長，因此大受各地藝術愛好者的好評。

建築

　　澳門的歐陸風情建築名聞遐邇，但有誰知道土生葡人為其做出的貢獻。佩德羅・馬奎斯（Pedro Marques），19 世紀末出生於澳門。此時，正值土生葡人受到文藝復興浪潮的影響，迫切需要用他們的生活去擁抱藝術之際，1857 年，一位既不是設計師也不是工程師的市政廳書記官馬奎斯，勇敢地挑起了重任，設計了具有歐陸風格的伯多祿五世劇院，並使其順利完工，屹立在崗頂的山頭上。百多年來，劇院一直成為澳門葡人文化娛樂活動的舞台，備受人們的喜愛和讚賞。

除此之外，請把眼光轉向東邊的山崗，澳門的地標性建築物——東望洋燈塔，也是土生葡人卡洛斯‧羅沙（Calos Rocha）精心設計的成果。要知道，設計者只是政府財政廳的司庫，也不是甚麼專業人士。1865 年，燈塔建造成功。由於當時技術未臻完善，只能利用煤油點燃，用人工機械操作，儘管如此，它卻是當時整個中國海岸線上的第一座近代化的燈塔，對航海者們來說，發揮了巨大的作用。

今天，伯多祿五世劇院和東望洋燈塔，均被納入澳門世界文化遺產的行列之中，成為全人類集體記憶的重要部分。

史學

由於歷史上種種原因造成的不斷遷徙和移民，當今的土生葡人在澳門連續多年居住的家族，時間最久遠的通常

東望洋燈塔。

不超過二、三百年，而在這些"老居民"當中就出了一位大名鼎鼎的史學家——白樂嘉（Jack Braga）。他 19 世紀末在香港出世，20 世紀 30 年代，開始在港澳的英文書刊雜誌上大量發表研究澳門歷史的文章，著述豐厚，無人能及。他僅留下的手稿就有二百箱之多，搜集的歷史圖片和地圖更是不計其數。

另一位史學家徐薩斯（Carlos Jesus），生於 19 世紀中葉，身上具有巴西和意大利的混合血統。其代表作是《歷史上的澳門》，為澳門土生葡人撰寫的第一本關於澳門歷史的專著。書中旁徵博引，立論獨特，被多次再版，為研究澳門歷史的中外學者必讀的參考用書。

漢學

澳門有一條白馬行街，葡文名曰"伯多祿局長街"，是為紀念澳門第一位漢學家——伯多祿（Pedro Silva）而命名。伯氏生於 1842 年，自幼就讀於澳門聖若瑟修院，從耶穌會士那裡學習各種中西文化知識。他天資聰穎，沒有畢業就加入華務署擔任翻譯員。其後並擔任該修院和商業學校的中文教師，編撰各類中文的教材。他在擔任各種公職

1950 年代澳門著名土生歷史學家、作家和漢學家路易斯·薩貢加·高美士。

的同時，潛心鑽研古代漢語，致力推動葡中文化的交流和翻譯。

　　伯多祿之後，又出現一位值得稱道的土生葡人漢學家—高美士（Luis Gomes）。高氏不僅是一位文學家、史學家，更是一位漢學家和翻譯家。1907 年，他生於澳門，一生都沒有離開過這片土地。這位獨身並低調的學者，終生勤奮，以極大的熱忱鑽研中國文化，並筆耕不輟，留下無

澳門土風舞。

數的譯作。其中最為突出的，是他翻譯的著名的 18 世紀
中文歷史著作《澳門記略》，和艱深的中國古代經典《論
語》、《大學》、《中庸》、《孝經》、《道德經》以及《三字
經》和《千字文》等等；與此同時，他還把葡文、西班牙文
及意大利文的著作譯作中文，為東西方人們的相互瞭解，
搭建起最早的文化橋樑。

演藝

　　每個國家和民族都有屬於自己的最古老、最親切因
而也是最熟悉的藝術表演形式，即舞蹈。土生葡人雖然在

澳門的土地上生活了近五個世紀，但沒有忘記其父輩留下的，深深刻下其民俗烙印的舞蹈——土風舞。

土生葡人們把葡萄牙鄉間農民們在喜慶節日的舞蹈帶來遙遠的東方，不但表達他們對家鄉的懷念之情，也通過唱歌、奏樂和舞蹈三種表演形式，載歌載舞，抒發對生活之愛和男女之情的熱烈追求。

土生葡人表演的土風舞，在服飾上，綜合了葡國由南到北的不同風格，使觀眾在視覺上有更多重的享受。在樂器方面，則包括小提琴、手風琴、曼陀鈴、吉他、口琴、大鼓及鈴鼓等，都是典型的歐洲民間樂器，聆聽演奏，令人彷彿置身於南歐歡快熱鬧的鄉間慶典之中。

澳門現有數支土風舞的表演隊，成員有葡萄牙人、土生葡人，甚至也有華人和其他國籍的人士參加。他們雖分屬不同的機構，但有一個相同的地方，就是均為業餘的性質，僅在工餘時間排練和演出。

多年來，土風舞隊不僅在澳門和內地，也在其他的不同國家演出，受到各國各地人們的好評。

今天，土風舞已經成為澳門文化的著名品牌之一。在東西交匯的舞台上，各個族群共同攜手，土風舞的舞姿和歌聲，必定長久傳揚。

主要參考書目

阿馬羅：《大地之子——澳門土生葡人研究》，載《文化雜誌》第20期，澳門文化司署出版。

文德泉：《關於澳門土生人起源的傳說》，載《文化雜誌》第20期，澳門文化司署出版。

巴塔亞：《澳門語歷史與現狀》，載《文化雜誌》第20期，澳門文化司署出版。

萊薩：《澳門人口：一個混合社會的起源和發展》，載《文化雜誌》第20期，澳門文化司署出版。

阿馬羅：《變遷中的土生社會（一項調查的初步結果）》，載《文化雜誌》第20期，澳門文化司署出版。

佐治：《澳門土生葡人的烹調術》，載《文化雜誌》第20期，澳門文化司署出版。

安娜‧瑪麗亞‧阿馬羅：《土生群體人類生物學的若干資料》，載《文化雜誌》第15-16期，澳門文化司署出版。

賈淵、陸淩梭：《起源問題：澳門土生的家庭與族群性》，載《文化雜誌》第15-16期，澳門文化司署出版。

李長森：《澳門土生族群研究》，暨南大學，2004年10月出版。

趙燕芳：《葡人土生訪談》，澳門國際研究所，2004年11月出版。

汪春、譚美玲：《澳門土生文學作品選》，澳門大學，2001年出版。

左倩萍：《土生葡人飲食文化》，澳門土生教育協進會，2004年出版。

Graca Pacheco Jorge：A Cozinha de Macau da Casa do Meu Avo（《我祖父家中的澳門菜》），澳門文化司署，1992年出版。

圖 片 出 處

P. 11-12 《我祖父家中的澳門菜》

P. 15 原藏若昂・F・M・佩雷拉遺稿中，《文化雜誌》（第二十期）插圖5，澳門文化司署出版

P. 17 《文化雜誌》（第二十期）插圖6，澳門文化司署出版

P. 18 《文化雜誌》（第二十期）插圖8，澳門文化司署出版

P. 21 據1902-1903年間任司令官的菲利佩・艾米利奧・德帕伊娃的一畫冊中的水彩畫複製，里斯本地理學會閉架圖書部，馬若龍攝影，《文化雜誌》（第二十期）插圖7，澳門文化司署出版

P. 22 19世紀油畫，賈梅士博物館收藏，《文化雜誌》（第二十期）插圖9，澳門文化司署出版

P. 24 巴龍・多・塞卡爾/里斯本地理學會人種史博物館藏，《文化雜誌》（第二十期）插圖12，澳門文化司署出版

P. 26 19世紀油畫，賈梅士博物館收藏，《文化雜誌》（第二十期）插圖17，澳門文化司署出版

P. 29 《文化雜誌》（第二十期）插圖18，澳門文化司署出版

P. 31 《文化雜誌》（第二十期）插圖19，澳門文化司署出版

P. 32 《文化雜誌》（第二十期）插圖24，澳門文化司署出版

P. 33 《文化雜誌》（第二十期）插圖27，澳門文化司署出版